Lina Chelli

Bon Voyage
Fred

Roman

Vibrations de l'au-delà

Du même auteur :

Vibrations Maçonniques 3, 5, 7…et plus…et autres
L'Anneau de Dieu
Fumées
Sexe Amour et Poésie
Esther magnétiseuse
I.R.N.I. Une Voie de Lumière
Vibrations Kabbalistiques

Pour joindre l'auteur :
linachelli@laposte.net
linachelli@yahoo.com
Tél: 06 16 08 02 52

Dépôt légal : février 2022

ISBN : 978-2-491748-00-5

EAN : 9782491748005

La voie qui s'ouvre à moi est celle de l'espoir, c'est la finalité de toute mon histoire. La vie m'a révélé l'autre vie qui m'attend. Je vais la continuer dans un autre espace-temps. J'ai franchi une porte obscure et lumineuse, elle me laisse entrevoir un avenir radieux, une autre dimension que mon âme rejoint, et qu'elle reconnaît tout au long du chemin. Je ne cherche plus rien, car j'ai tout retrouvé, et c'est mon devenir qu'à présent j'entrevois. Le monde qui m'attend n'est plus si mystérieux, c'est celui de l'amour, le royaume de Dieu.

Je suis né aujourd'hui, le 3 juin 2021, à 11 H 20, à l'âge de 58 ans.

Lina, ma sœur, je sais que tu m'entends, ne lâche pas ma main. Je vais quitter cet univers, mais avant, je vais essayer de te transmettre ce Don que j'ai reçu et qui m'a accompagné pendant si longtemps.

Tu humectes mes lèvres de cette eau régénératrice. Je trouve en moi la force de bouger un peu ma tête, c'est un message, celui de mon dernier souffle. Je vais quitter cette Terre qui m'a créé et constitué, pour regagner le ciel, qui va me recevoir.

La Lumière m'attire et son éclat m'inonde. Le tunnel est démesuré, mais pourtant à ma taille. Je ne suis plus qu'un point dans cet étrange lieu, mais je remplis l'espace et mon âme voyage avec légèreté. J'ai aussi l'impression qu'elle s'allonge et qu'elle grandit au fur et à mesure que j'avance et même qu'elle commence à s'alourdir.

Je suis devenu cet espace, cet espace est en moi, mon âme le contient dans sa totalité. Une Énergie divine me reçoit tout entier et je ne fais plus qu'Un dans son immensité.

L'infini du fini me prend tel un enfant qui puise dans sa source sa substance vitale. Telle une mère aimante, elle me porte en elle et je bois ce nectar qui me recrée d'amour.

Lina, ma sœur, je vais enfin rejoindre la Lumière, je vais vers ma naissance et je rends à la mort, la vie, qu'elle m'a donnée.

Je suis là, près de toi, encore quelques instants, mais il me faut partir, c'est mon heure, c'est mon Karma, autre chose m'attend.

Je t’avais promis de revenir te voir, mais je ne sais pas encore si je le pourrais vraiment. Pour l’instant, je m’en vais rejoindre le Royaume, celui de l’énergie, celui de l’infinie Lumière, là où est ma véritable place, et, ma réparation. Mon exil cosmique a pris fin, je redeviens étincelle, celle de la sainteté, je remonte à ma source. J’ai brisé mon écorce et je suis libéré. Je m’élève de plus en plus, par différents degrés, vers ce Tout absolu qui va me recevoir afin que ma racine s’y ancre en profondeur. Mon exil est ailleurs, mais il est temporaire, je ne fais que le pressentir, mais je poursuis ma route et elle est merveilleuse.

Comment te la décrire avec des mots humains ?

Le souffle de ma voix te traduit mes pensées et les lettres hébraïques t’en donneront la clef. Mon âme continue de vibrer et de croître, mais cette vibration ne peut plus te parler, d’un autre espace-temps elle émet ce message.

Une étincelle d’amour l’absorbe, et dans le même temps, la différencie d’une autre, pour la contenir tout entière en son unicité.

Je suis et je redeviens cet homme primordial, cet Adam qadmon, tu t’en souviens Lina, je l’ai toujours pressenti, il existe ma sœur, et c’est ma direction. La beauté est en moi, j’entrevois la Lumière, mais la porte est si basse, que, pour franchir le seuil et intégrer l’endroit, mon âme doit se courber et ramper jusqu’à lui.

Mon ange me soutient, je m'appuie sur son bras. Je suis gauche et aveugle, mais cette obscurité ne me pénètre pas, elle reste à l'extérieur de mon essence même, et c'est par cette osmose que je redeviens moi. Les ténèbres m'attirent, je dois les rejeter et vider de mon être jusqu'à leur souvenir. Le but ultime est proche, et je sens que bientôt, de toutes ces épreuves, je sortirai vainqueur.

Mon âme s'affranchit de son côté obscur, elle redevient légère et prête à s'envoler. La nuit que je traverse ne la contrôle plus, ne peut la retenir, malgré ce noir bandeau qui masque encore mes yeux. Je suis libre et serein, libéré de mon corps et prêt à pénétrer dans l'enceinte sacrée. Je vais à reculons, je reviens d'où je viens et ma marche en avant, malgré l'obscurité, me laisse dans la bouche un gout d'éternité. Je surmonte le vide et dans ce grand voyage, une étoile me guide et mon chemin s'éclaire.

Trois coups dans mon esprit se meuvent en crescendo. Le premier qui m'atteint me rend triste et amer, je pense à mon passé et à tous mes défauts, celui que j'ai été ne me correspond plus. C'est un autre moi-même que je ne comprends pas, il est si différent de celui que je suis. J'espère qu'il va me grandir, car j'ai appris de lui. La sagesse est en moi, mais je ne peux plus revenir pour corriger mes fautes, même si, à présent, je comprends pourquoi je les ai faites. Ma tête est inclinée, j'ai envie de pleurer, j'aimerais tant pouvoir effacer mes erreurs et demander pardon à ceux que j'ai blessés. Je suis déçu, je me croyais tout autre, mais ma vie qui défile me prouve le contraire. Je suis tétanisé, je voudrais me sauver, pourtant, bien malgré moi, je reste là, figé, immobile, et j'attends la sentence. Je sursaute et je tremble, quand, le deuxième coup vient fortifier mon âme et sa Force me rend un peu de mon courage. J'ai compris tant de choses, j'accepte d'avoir été, et plus que me changer, j'aimerais tant garder le vécu de moi-même, afin que plus jamais je ne répète autant mes erreurs passées. Mes poumons se remplissent, je respire profondément, je me ragaillardis du sursaut de mon âme et le troisième coup, le dernier, vient d'un coup m'éblouir en me rendant la vue.

Le bandeau est tombé. La Beauté me traverse, sa manne me transperce, la Lumière infinie se révèle à mon cœur.

Du choc de cet impact, mon âme se libère et regagne sa place au sein de l'univers. Cette place est la mienne, c'est celle qui m'attend et que j'ai pressentie durant cinquante-huit ans.

La Lumière me prend, je me love en son sein, et je n'appartiens plus au monde des humains.

C'est fini, tout commence, je suis parti Lina.

Ma sœur, ne sois pas triste, même si je ne suis plus là, je suis dans un endroit qu'un jour tu connaîtras.

Lina ressent une décharge énergétique qui fait frissonner ses mains. Ce picotement la fait sursauter, il assourdit tous ses sens par une douce quiétude qui vient d'un coup de s'exprimer. Elle relève alors sa tête en direction de son frère. Il semble apaisé, son visage est serein et ses yeux, bien que toujours fermés, semblent s'ouvrir au Monde. Elle s'approche de sa bouche, son souffle l'a quittée. Elle regarde sa montre et reste un long moment sans bouger, comme si elle attendait que tout soit bien fini, ou bien même qu'un miracle ne vienne changer l'instant. Elle fixe le corps inerte, elle concentre son cœur pour tenter d'y entrevoir l'âme de son frère qui s'en libère. Elle ne voit rien, mais elle ressent une étrange présence de bien-être et de paix qui déverse dans l'air sa bénéfique aura. Elle est pourtant à l'hôpital, dans une chambre de soins palliatifs, dans un endroit qui porte les stigmates des souffrances humaines, mais des ondes positives ont sanctifié l'espace, et par leur vibration, modifié son atmosphère. Le souffle bruyant de son frère s'est mué en silence, et ce silence parle le langage du cœur. Elle ressent son impact, car les larmes qui noient ses yeux sont celles de l'eau vive qui abreuvent son âme. Un tendre baiser sur le front de son frère en déverse son trop plein. Elle ne l'essuie pas, bien au contraire, elle étale ce nectar d'amour sur son visage magnifié.

Puis, après avoir asséché ses yeux, elle se lève, afin de prévenir le personnel médical qui prend acte du décès de son petit frère Frédéric.

Les deux frères et les deux sœurs sont debout, ils écoutent Lionel, le rabbin, qui récite le Kaddish, puis ils se prennent la main comme pour s'unir une dernière fois à cette partie d'eux-mêmes qui a pénétré dans le caveau familial. Tous les quatre ont mis un vêtement blanc, en hommage à leur frère qui s'habillait toujours ainsi. Chacun, en même temps, déchire un morceau de tissu de sa chemise, au niveau supérieur de la poitrine, tout près du cœur. L'employé des pompes funèbres a jeté la dernière pelletée, la tombe va être scellée, c'est le moment de se laver les mains, sans les essuyer, afin que la présence de notre petit frère Frédéric perdure à jamais en nous.

Esther n'est pas là, ses enfants l'ont préservée, car même si sa mémoire vacille, cette terrible nouvelle aurait précipité son dernier départ. Mais Esther est une mère, et même si la maladie d'Alzheimer l'a fortement diminuée, elle entend en elle ses entrailles pleurer. Pourtant, le secret est bien gardé, personne ne lui a rien dit. Personne, mais son cœur de maman recherche une présence, celle de son fils Frédéric qui vient de nous quitter.

Ses quatre enfants sont près d'elle, mais, elle sait qu'il en manque un, le dernier. On a beau lui dire qu'il est parti en voyage en Israël, elle ne nous croit pas, elle veut le voir.

Elle ressent l'absence, le vide, elle ne peut plus communiquer avec lui… Alors, elle décide de le rejoindre, car rien ne peut arrêter l'amour d'une mère pour son enfant.

Elle se lève et s'habille seule, comme par miracle, elle retrouve toute sa force et sa jeunesse. Elle semble ne plus être malade. Son cerveau ne paraît plus être atteint par la sénilité d'une fin de vie bien remplie. Son esprit a vaincu les affres de cette terrible maladie d'Alzheimer, à cet instant, elle est Esther et redevient elle-même.

– Maman, qu'est-ce que tu fais ?

– Je vais chercher mon fils.

– Maman, arrête, il faut que l'on te dise… Fred, tu sais, il est loin, il est parti, Dieu en avait besoin…

– Je le savais, j'en étais sûre… je vais le chercher… je m'en vais avant qu'il ne soit trop tard et que la nuit ne l'enferme et ne me le prenne à tout jamais…

– Maman, maman, c'est trop tard, c'est fini, écoute-moi, c'est terminé, ce matin, on l'a enterré, il n'est plus, il nous a quittés pour un monde meilleur.

– Non, je vais le chercher, il me faut le revoir, au moins encore une fois…

Ces mots sont les derniers qu'Esther a prononcés, juste avant de tomber sur le sol, vaincue par un coma que les médecins ont qualifié d'irréversible.

Esther est partie. Elle s'élance dans un tunnel. Elle veut rejoindre son fils. Elle le devine, comme une ombre blanchie qui lui parait si loin. Son âme s'accélère, mais son corps la retient, et plus elle s'en rapproche, et plus il semble s'éloigner.

Elle attend, les mains tendues vers le vide de l'Univers. Ses prières se meuvent, comme un écho qui résonne au milieu des anges qui gardent les portes du céleste Royaume. De sa bouche s'échappent les douze lettres du nom divin qui flottent dans l'air, pour se fondre aux étincelles de sainteté qui pénètrent son cœur.

L'ange, qui s'est penché sur son âme en détresse, a entendu le cri désespéré de l'amour d'une mère. Il ouvre dans le ciel un espace fugace pour lui donner l'accès au monde de l'après. Sa voix, comme un écho, vibre dans l'univers et ses mots, qui résonnent, rejoignent son enfant. Frédéric l'entend, il se retourne, son âme béatifiée s'illumine au travers du voile d'Isis qui le recouvre tout entier.

– Avant de t'en aller mon fils, parle-moi de ce que tu vois, de l'endroit où tu vas, dis-moi mon fils, où vas-tu.

– Vers la Lumière maman, mais ce n'est pas celle que les profanes imaginent. Non, cette Lumière là est indescriptible, elle est en même temps intérieure et extérieure. Elle ne peut pas être décrite par une couleur terrestre, maman, c'est la couleur de l'Amour. Je suis dans l'extase, dans la plénitude et je me sens si léger…. J'ai l'impression que toutes mes fautes, toutes mes erreurs, tous mes doutes et toutes les mauvaises énergies qui me polluaient ont quitté mon âme. Je suis dans une bulle, celle de la béatitude. J'ai dépassé les limites du vide cosmique, et je m'élève vers ma source infinie, vers le bien absolu, la Lumière primordiale. Je rejoins Dieu maman, mais pas Celui que les hommes ont créé, non, il n'a pas de visage, il n'a pas de forme… Il est la réunion de toutes les âmes qui retournent à Lui et qui en même temps n'ont jamais cessé de faire partie de Lui. J'aimerais tant t'en dire plus maman, mais l'instant que je redoutais et que maintenant j'espère est arrivé… Je monte, je m'envole, bientôt je ne pourrais plus communiquer avec toi. C'est fini, tout commence, mon enfer est terminé. Je vais enfin vivre ma vie, celle de l'Amour éternel, celle de mon étincelle de sainteté qui s'est libérée de son écorce terrestre.

– Je viens avec toi mon fils, Frédéric, attends-moi, je te rejoins… hélas, plus j'avance et plus je m'alourdis, quelque chose me freine, attends-moi mon fils, je ne veux pas tomber, je veux rester et partir avec toi.

– Maman, ton heure n'est pas venue, à bientôt, très bientôt, ici le temps n'existe pas, et peut-être même que ton ascension sera plus courte que la mienne et que c'est toi, là-haut, qui attendras que je te rejoigne.

Esther retombe, d'un coup. Ce voyage a réveillé en elle toute sa lucidité et l'impact de ce choc modifie tout son être, car les anges qui l'accompagnent la rendent à elle-même.

Frédéric ne peut plus revenir en arrière, la connexion avec sa mère est rompue. Il se dirige maintenant vers l'Échelle de Lumière qu'il commence à gravir. Mais, il est gauche et faible, il est pris de vertige, et, à chaque avancée, il redescend plus bas. L'émanation est loin, la création s'estompe, la formation le fuit, il retourne à l'action.

Il se fige, il ne peut plus progresser. La porte est entrouverte, mais hélas, impossible à atteindre. Plus il s'en approche, et plus elle s'éloigne de lui, car sa vision du ciel, d'un coup, l'a ébloui. Le choc, quoique violent, le rassure et l'effraie, et le chemin s'efface tout en haut, puis en bas. Il ne peut plus se mouvoir, ni même descendre ou monter. Il est obligé d'attendre. Dans cette obscurité, son âme s'impatiente. Une pâle lueur, bientôt se manifeste. Un bien étrange lieu s'entrouvre devant lui. Le clair-obscur l'attire et lui ouvre la voie. Il l'aspire d'un coup vers Celui qui le voit. Son vêtement de Feu se consume sur lui, pourtant, s'il en ressent l'impact, la souffrance est morale et sur son corps de chair, il n'en porte pas trace, car par sa nudité, il renforce son cœur. L'enfant qu'il a été vient de renaître en lui et son corps tout entier se transforme et s'efface, pour n'être plus qu'un point, prisonnier dans l'espace. Mais son âme pesée n'a pas franchi l'obstacle, elle doit, pour se mouvoir, prendre un autre chemin.

Sa taille est minuscule, mais dans cet infini, toutes les dimensions sont celle de la vie. Le germe va grandir, il va s'épanouir, il pourra revenir et l'enfant qui va naître, en lui, va se construire.

Esther regarde les étoiles du ciel, mais plus sa vision s'agrandit, et plus elle ressent la tristesse du soir. La vie n'a plus aucun attrait pour elle, car dans son inconscient, elle l'a oubliée. Elle ne reconnait ni son corps de femme, ni celui de grand-mère, ni celui d'un être qui est né de la terre. Les astres de la nuit ont ouvert dans son cœur la longue litanie des errances passées. Elle va vers sa vie comme on va vers l'oubli, mais sa réalité va bientôt la rejoindre et le glas, qui résonne au plus profond de son âme, est sa finalité.

Le temps n'a pas voulu lui imposer son sceau, et sa peau paraît jeune et ses rides s'estompent, son sourire étincelle et ses cheveux blondissent. Ses yeux se sont fermés dans l'espace infini, mais le regard de Dieu lui ouvre ses paupières.

Elle est ce qu'elle devient, une forme allongée qui s'étire et s'étend pour mieux se rassembler. Son corps est un écran qui canalise les vibrations du divin. Elle a enfin compris qu'il faut qu'elle se souvienne et que son devenir dépend de sa mémoire. Elle va se restaurer, au-delà de la vie, par son élévation.

Elle est née de la chair d'un être lumineux, mais son âme jamais n'a franchi la barrière. Elle clôt sa fenêtre et ferme ses volets et retourne à sa nuit qu'elle n'a jamais quittée. Le soleil qui se lève infiltre ses persiennes et l'aurore apparaît dans toute sa promesse. Elle ne veut pas sortir de ce chaud écrin douillet que les affres du soir ont maculé d'espoir. Mais, par son ascension, son corps s'est modifié, car il s'est abreuvé à la source divine. Son esprit s'est ouvert aux mystères sacrés, il a réintégré sa conscience oubliée, il a puisé en eux l'énergie primordiale qui l'a régénéré.

Il est temps de revenir dans un présent absent et de retrouver en elle celle qu'elle a perdue.

– Madame, elle a bougé….sa main a légèrement serré la mienne, elle est revenue, venez, je vous assure, elle est en train de se réveiller…

– J'arrive, mais c'est impossible, nos instruments nous auraient avertis.

– Venez, venez vite…

– Désolée, rien n'a changé. Vous voyez bien, hélas, son coma est irréversible depuis plus de sept mois, peut-être est-il temps de la laisser tranquille et de la débrancher. C'est à vous de choisir.

– Débranchez, débranchez tout, je vous dis qu'elle est réveillée, elle est là, vivante.

– Je vais chercher le docteur, signez ici.

– Allez-y docteur, à la grâce de Dieu.

Esther commence à bouger un doigt, puis la main, elle ouvre ses paupières et ses lèvres se meuvent et murmurent à voix basse.

– J'ai vu mon fils, je l'ai vu, je lui ai parlé, Fred est là-haut, il est heureux. Moi, ils ne m'ont pas voulu, ce n'est pas mon heure, mais j'ai pu le voir, j'ai pu lui parler.

– Elle est réveillée, maman est réveillée, venez vite.

En moins d'une demi-heure, les quatre enfants d'Esther sont réunis devant son lit d'hôpital.

– C'est incroyable, c'est invraisemblable, votre mère vient de se réveiller après plus de sept mois de coma profond. Durant toute ma carrière de médecin, je n'ai jamais rien vu de tel. Elle est consciente, elle ne présente plus aucun symptôme de cette maladie d'Alzheimer qui l'avait tant diminuée. Prodigieux, j'ai beau le constater de visu, je n'arrive pas à y croire.

– Vous savez docteur, ma mère, c'est Esther, ce n'est pas n'importe qui, c'est une force de la nature, un être hors du commun, lorsqu'elle était plus jeune, elle a vu le Christ.

– Je suis médecin, je suis un scientifique. Ce qui importe, en l'instant présent, ce sont les faits. Votre mère est un formidable espoir pour tous ceux qui sont atteints par cette terrible maladie. Il faut absolument que nous comprenions comment et pourquoi elle a retrouvé toutes ses facultés. Nous allons analyser son sang, son ADN, votre mère peut nous aider à sauver des millions de gens dans le monde. Je n'arrive toujours pas à réaliser… elle avait la maladie Alzheimer, à un stade très avancé, elle était en phase terminale, dans un coma irréversible, et… elle se réveille…. Avec toute sa tête et… le regard bien expressif… incroyable… Même son œil droit a recouvré la vue, pourtant, un accident vasculaire au niveau de cet œil l'avait rendu borgne et paralysé une bonne partie de son visage. Inconcevable, ses deux yeux fonctionnent, elle voit comme avant son AVC. Je vais maintenant vous demander de sortir, nous devons la prendre en charge.

– Combien de temps ?

– Le temps qu'il faudra. Nous devons lui faire des analyses. Il faut qu'elle soit examinée par d'éminents confrères qui sont déjà en route afin d'étudier ce cas exceptionnel. Votre mère est peut-être la clef qui va nous permettre de faire une importante avancée scientifique. C'est un grand espoir de guérison pour tous ceux qui souffrent de cette maladie neurodégénérative.

– Ma mère n'est pas un sujet d'étude, nous l'avons retrouvée, elle rentre chez elle, à la maison, vous n'avez pas le droit de la retenir contre son gré.

– Dès que son état sera jugé satisfaisant… Mais pour l'instant, dans son intérêt, je me vois dans l'obligation de la garder.

– Ma mère a 89 ans, le temps qui lui reste à vivre est incertain, vous n'avez pas le droit de la séparer de ses enfants contre sa volonté et surtout, contre la nôtre.

– Vous pourrez la voir autant qu'il vous plaira, mais ici, à l'hôpital, je vous l'ai dit et je vous le répète, dès que son état le permettra, rien ne s'opposera plus à son départ.

– Laisse Lina, Laisse ma fille, le docteur n'a pas tort, si je puis être utile à mes semblables, j'accepte de tout cœur. Cette maladie est terrible, si la science peut la vaincre, je suis partante pour y faire ma part.

– Vous voyez, votre mère accepte de rester… Nous vous donnerons des nouvelles régulièrement, vous pouvez partir tranquille, elle est entre de bonnes mains.

– Tu y crois toi Lina ?

– Non, mais puisque c'est la volonté de maman, il faut bien s'y résoudre et l'accepter. Je repasse ce soir, je ne vais pas les lâcher d'une semelle.

– Nous non plus répondirent en chœur Renée, Jean-Luc et Bruno.

Les quatre enfants d'Esther sont bien obligés de se retirer et de sortir de la chambre, mais sans se concerter, ils attendent tous dans le couloir. Enfin, après un temps interminable :

– Où l'emmenez-vous ?

– Nous avons des examens complémentaires à réaliser, n'ayez aucune inquiétude, votre mère va bien.

– Maman, ça va ? Comment te sens-tu ?

– Bien mes enfants, formidablement bien, je suis sur un nuage.

– Pardonnez-moi, mais je dois l'emmener.

Ils disparaissent très vite, dans le couloir.

– On ne va pas les laisser faire, maman n'est pas un cobaye. On l'a retrouvée, ce n'est pas pour la perdre à nouveau.

– J'appelle mon avocat, je sors, il n'y a pas de réseau.

– On vient avec toi Bruno.

– Alors ?

– Je passe en bas prendre son dossier médical et il me reçoit demain matin.

– Et tu crois vraiment qu'ils vont te le donner ?

– On verra bien Lina, en attendant, j'y vais.

On a vu, ils ont refusé, qu'importe leurs excuses, maman est devenue leur otage.

– On fait quoi maintenant ?

– Rien Lina, pour l'instant, on ne peut rien faire, je rentre chez moi, je t'appelle demain, après avoir vu mon avocat.

– Ok Bruno, et vous deux, vous partez aussi ?

– Oui, nous rentrons, pour l'instant, il n'y a rien d'autre à faire et toi ?

– Je ne sais pas encore, je vais fouiner un peu dans l'hôpital.

– Ils vont te mettre dehors, ils nous ont autorisé à rentrer, car ils pensaient que maman allait mourir, mais là, ce n'est plus le même scénario, et, avec les restrictions sanitaires liées au Covid, ils ne vont pas tarder à te virer.

– On verra bien, à demain au téléphone.

Bruno ne s’est pas trompé, moins de cinq minutes après le départ des enfants d’Esther, Lina est priée instamment de sortir du service de réanimation. À contre cœur, elle regagne son domicile.

Elle allume son ordinateur. La photo qui s’affiche est celle de Frédéric, son frère, le cinquième enfant d’Esther. Depuis plus de sept ans, elle l’a mise en fond d’écran, par pressentiment, pour le préserver, comme si elle avait toujours su que c’était le plus fragile, et qu’il avait vraiment besoin de cette protection. Elle lui paraît maintenant bien inutile. Elle ne peut détacher ses yeux de l’ordinateur. Elle voudrait tant entrer en contact avec son frère, mais rien, rien ne se produit, pas un signe, pas le moindre indice qui pourrait lui donner un espoir d’une quelconque possibilité extrasensorielle, rien, elle est dépitée, elle est triste et déstabilisée.

Frédéric a été choisi, c’est à lui que sa mère, Esther, a transmis son Don de soulager la souffrance et même celui de guérir ceux qui croisent sa route.

En octobre 2020, un homme l’a fait. Il avait un cancer du poumon et des métastases sur la plèvre, il était en phase terminale. Fred était son dernier espoir de survie, pour quelques mois, quelques années peut-être, mais un formidable espoir. Il lui a imposé ses mains, longuement, une première fois. Son état s’était un peu stabilisé, déjà, il souffrait moins et la chimio devenait de plus en plus efficace. La deuxième fois, le cancer régressait, mais il était toujours présent et prêt à se réveiller de plus belle.

Enfin, une troisième fois, la dernière. Ce jour où il a oublié d'éteindre son portable. Ses mains étaient posées sur cet homme qui en ressentait les effets indescriptibles et une extraordinaire sensation de bien-être qui lui rendait toute sa force et sa vitalité.

Puis, une sonnerie, anodine et pourtant fatale. Frédéric ne regarde pas qui l'appelle, machinalement, il répond. Celui ou celle qui lui a téléphoné n'a pas d'importance, mais la communication dure longtemps, trop longtemps, et, lorsqu'il raccroche enfin, le temps s'est écoulé, trop de temps. Il ne peut plus se décharger du mal qu'il a pris en lui pour soulager cet homme, il ne peut plus l'extraire de lui-même.

Elle se souvient de la discussion qu'elle a eu avec son frère, quelques jours plus tard.

– J'ai traité un cancer du poumon, mais j'ai l'impression que je l'ai pris, qu'il est entré en moi. Je n'arrive pas à m'en défaire, je le sens qui s'installe dans mon corps, il me fait déjà mal. Je crois que j'ai fait une bêtise. Maman m'avait pourtant bien appris à me décharger du mal que j'extrais lorsque j'impose mes mains, mais cette fois-ci, j'ai oublié, et quand je m'en suis souvenu, c'était trop tard.

– C’est une plaisanterie, tu dis cela pour voir ma réaction, dis-moi que ce n’est pas vrai, que c’est une blague !

– Hélas non, mais ne t’inquiète pas ma sœur, je ne vais pas mourir, tu vas devoir me supporter encore très longtemps. Je connais l’âge de ma mort, je l’ai toujours su, c’est à 79 ans, tu vois, j’ai encore plus de vingt ans devant moi.

Frédéric, Fred, mon frère chéri, hélas, tu t’es trompé, tu as cassé ton destin. Tu as changé ta route, et même si celle qui t’attend est la plus importante, ce n’était pas urgent de la rejoindre et de me laisser orpheline de toi.

Aujourd’hui, tu es parti, tu as pris la place d’un autre et ton Karma s’est modifié. Tu étais pourtant sur la bonne voie, tu ne cessais de t’améliorer, et toutes tes erreurs de jeunesse, tu les avais bien rattrapées. Fred, mon Fred, pourquoi es-tu parti si vite, et surtout avant moi ? Tu étais le dernier des enfants d’Esther, celui qui a hérité de la Transmission, celui qui a été choisi pour perpétrer le Don divin de notre mère. À l’instant de ta mort, tu m’as tenu la main. Dans ton dernier sursaut, j’ai senti une formidable énergie me pénétrer toute entière, j’ignore ce que tu m’as transmis, mais moi, je n’en veux pas. Je la refuse, et tant pis si ce Don ne se pérennise pas et disparaît avec toi.

Tu m'entends Fred, de là où tu es, tu m'entends ? Je n'en veux pas….

Lina n'a pas le temps de terminer sa méditation extra-sensorielle. Tout d'un coup, une étrange impression vient perturber son esprit, elle ressent la puissance d'une force qui pénètre sa chair.

Ses mains se désolidarisent de son corps, elles se déforment lentement et augmentent de volume. L'aura, qui les entoure, illumine sa peau, et ses doigts, qui s'écartent, en absorbent l'influx. Une forte sensation de chaleur semble la brûler au creux de sa paume. Ses veines, qui grossissent de plus en plus, paraissent prêtes à éclater. Au niveau de son poignet droit, sur la face intérieure, une protubérance sort, comme par enchantement, puis, elle se met à vibrer. Elle a beau refuser cette offrande, l'énergie transmise insiste. Elle arrive à se frayer un chemin dans son être le plus profond, qui tente encore et pourtant de la rejeter.

Ok, c'est bon, je l'ai, Fred, tu as réussi, mais je ne m'en servirai jamais, cette Transmission ne m'était pas due, elle n'était pas pour moi, mais je l'accepte. De toute façon, je ne peux pas faire autrement, je la ressens toute entière en moi. Je la garde, bien obligée, mais c'est jusqu'à ce que la bonne personne croise ma route et que je puisse à mon tour la lui transmettre.

Fred, tu ne m'as pas fait un cadeau, tu m'as donné un fardeau que mes épaules n'ont ni la force, ni l'envie de porter.

Mon frère chéri, où que tu sois, sois béni, je t'aime, et jamais je ne pourrai parler de toi au passé. Tu as été, tu seras, même si tu n'es plus. Tu es et resteras encore et toujours vivant, car je ressens en moi ta présence. Cette Terre qui t'a créé, celle qui t'a porté, celle où tu es retourné, ne pourra jamais éteindre cette connexion extrasensorielle que nous avons partagée ensemble. Tu t'en souviens mon frère, bien souvent, nous avons communiqué tous les deux par transmission de pensée, et quand l'un de nous avait mal, l'autre aussi en ressentait la douleur. Combien de fois m'as-tu téléphoné au bon moment, ou même es-tu apparu, comme par miracle, à l'instant où j'en avais vraiment besoin. Mon frère, ce qui nous a unis dans cette vie terrestre ne peut pas se rompre à cause de ton départ.

Tu es là, où ailleurs, mais je le pressens, je le sens, je sais que tu m'entends, même si, quand je te parle dans ma tête, tu ne peux me répondre. Si tu renais un jour, fais en sorte que je puisse te reconnaître, fais-moi un signe pour que je sache que c'est bien toi, et que ton âme est enfin revenue pour terminer ton œuvre.

Lina est fatiguée, plus que triste, elle est éteinte, il est minuit, elle se déshabille et s'étend sur son lit.

Tout d'un coup, elle se sent légère et prête à s'envoler.

Elle commence à s'enfoncer profondément, un peu comme une descente vertigineuse à l'intérieur de son corps. Elle va loin, très loin, son esprit creuse la terre. Son âme remonte, et peu à peu, elle se libère des lois de la pesanteur. Elle y va, elle accepte le challenge. Au début, elle est un peu gauche et maladroite. Elle a même peur de tomber, puis, peu à peu, elle prend de l'assurance, et, tel un jeune oiseau qui prend son premier envol, elle s'élance dans une immensité prête à la recevoir. Elle est dans son élément, elle voltige, elle tourne, et retourne, avec une étrange sensation de bien-être et de liberté.

Elle est au-dessus de Marseille, la cité est tout illuminée. Elle s'arrête un instant sur le toit de la Tour Méditerranée, un peu pour reprendre son souffle, un peu pour admirer le paysage, puis elle récupère son élan. Elle remonte et s'en va, elle est légère, elle ne sent plus son corps, son esprit l'a quitté, il s'en est libéré. LA LUNE semble de loin lui sourire, elle continue son ascension, elle monte, monte et monte encore, elle l'évite de justesse.

Quel est cet étrange pays, quelles sont ces rues qu'elle n'a jamais vues ? Elle redescend et se retrouve d'un seul coup dans une espèce de cour, derrière une maison grise avec des volets bleus.

Elle est assise sur un petit muret, le soleil qui se lève l'éblouit quelque peu. Elle se frotte les yeux, et, par instinct, elle suit cette Lumière. Elle est dans une rue annexe, le décor est ancien et les murs sont en pierre. Un landau attire son attention, mais il est vide, personne. Elle regarde partout, elle a l'impression de se trouver dans un endroit derrière le Théâtre de la Criée, à Marseille. Une vieille dame sort d'un seuil avec un balai et s'affaire. Son regard est sévère et son chignon défait. Sa tenue est très sombre et sa longue jupe noire semble être en lambeaux. Elle balaie devant elle un sol qui est propre, mais sa pelle se remplit comme par enchantement.

Comment est-ce possible, elle est dans les étoiles ?

Quel est cet étrange Univers qui ressemble tant au nôtre ?

Puis, soudain, elle se retrouve dans un pays inconnu qui s'apparente à ceux de l'Orient, dans un étrange et luxueux palais, où des hommes et des femmes défilent sans même tenir compte de sa présence. Elle traverse les murs, elle entre dans une nursery, un joli bébé blond lui fait un large sourire. Les autres sont tous bruns, mais ils sont transparents. Elle s'approche, ils se réveillent bruyamment et s'effacent, un à un, le dernier la regarde et il étend sa main pour la montrer du doigt. Et puis, il disparait, et elle se retrouve projetée dans l'espace céleste. Elle est déconcertée, troublée et contrariée. Elle ressent un mal-être qui freine son ascension. Elle voudrait revenir, retourner en arrière, mais elle ne peut pas se mouvoir par elle-même, ni même décider de sa destination. Elle en est incapable, elle ne peut se diriger, elle ne peut que se laisser faire et qu'accepter de vivre cette fabuleuse expérience.

– Fred, Fred, tu es là, c'est moi, c'est Lina, ta sœur ?

Tout d'un coup, son cœur s'agrandit, son esprit s'illumine et la porte s'entrouvre. Elle ne voit pas son frère, mais elle pressent ses paroles que son âme reçoit.

– Lina, ma sœur, ne soit pas pressée. Le temps n'a pas d'importance, il n'existe que dans ta réalité. Là où je vais, le passé, le présent, le futur, ne sont pas dissociés. Ils vibrent en harmonie avec notre Univers. Dans cette sainte trinité, l'homme y a sa place, mais c'est une notion qu'il ne peut pas comprendre. C'est quand il s'en ira rejoindre la Lumière que toute la subtilité de son émanation se révèlera à son esprit. L'énergie de son âme ne peut pas disparaître avec la finalité de son corps de matière. Il n'est que l'écrin de sa pierre intérieure qui doit s'épanouir, s'affiner, se ciseler, afin de se transformer en diamant, celui de son rayonnement. Tout ce que j'ai appris dans ma vie terrestre me semble maintenant tellement dérisoire. Si j'avais su avant quelle serait ma destination, j'aurais vraiment compris le sens de mon passage. Je reste suspendu, je n'ose pas tourner ma tête en arrière. J'ai si honte de toutes mes actions, et surtout, de celles que je n'ai pas accomplies. J'attends, dans le noir, car ma seule Lumière est celle de l'espoir. Que te dire à présent de la vie qui m'attend ? Je l'ignore encore, et de là où je suis, je me cherche moi-même. Lina, ma sœur, ton passage sur Terre ne sera qu'une étape, mais il te faut la vivre pleinement et sans peur. C'est une voie d'accès. Tu es sur une rampe, c'est à toi de choisir, si tu veux la descendre ou bien la remonter. Le chemin sera long, surement difficile, mais jamais impossible, car tu peux le gravir si tu as foi en toi, en ton être divin fait de chair et de sang, mais qui vibre en accord avec la Création. L'infini le rejoint dans sa finalité. Tu n'es qu'un point infime qui se meut dans l'espace, mais ce point que tu es, c'est l'Univers entier. C'est un monde transcendant de la vie et des sens qui va te recréer par l'énergie divine. Ce Dieu qui est en toi va libérer ton corps, lui rendre son essence et te donner ta place. Celle qui est la tienne, pour toutes les actions que tu as accomplies sur Terre. Ma sœur, si tu m'entends, il n'est pas trop tard, tu peux changer le cours de tout ton devenir. Il faut que tu construises le Temple de ton âme. Celui de ta conscience, celui de ta vraie vie, où le Bien et le Mal auront aussi leur place. De ton obscurité, fais croitre la Lumière, afin qu'elle l'efface, vaincue par l'Harmonie. Mais reste vigilante, car elle n'est qu'endormie, ne laisse pas la haine en toi la réveiller. La Lumière conquise t'apportera la paix, te donnera la joie et t'offrira l'Amour. Le mal qui est en toi, elle peut le neutraliser, mais, si tu n'y prends pas garde, il sera toujours prêt à mieux se développer. Prends soin de toi Lina, ma sœur, sois sereine, et surtout, dans ton cœur, efface enfin ta peine, car, là où je me dirige, je nage dans l'extase. Je ne sais où je vais, mais la Joie m'accompagne. L'Amour, qui me submerge, me remplit de bonheur, de sagesse et de force. Je suis en paix ma sœur, et c'est vers la Beauté que mon âme progresse. Quand maman reviendra, dis-lui bien que je l'aime. Je regrette tant de ne pas le lui avoir assez dit. Même si elle le savait, j'aurais dû tous les jours le lui dire et redire, comme j'aurais dû, à toi aussi ma sœur te le dire souvent. Je désirerais aujourd'hui le crier à tous ceux que j'ai blessés, à tous ceux qui m'ont fait du mal, à tous mes ennemis, car cet Amour immense, qui me pénètre entier, j'aimerais tant pouvoir, sur eux, le déverser. Lina, ma sœur, je m'en vais, je suis déjà parti, mais il faut que tu saches que tout n'est pas fini. Ce n'est que le début de la vie qui m'attend, c'est sa continuité dans un autre espace-temps. Mon âme est libérée, son écorce est tombée. Elle peut remonter vers l'infinie Lumière. J'espère de tout cœur que Celui que j'attends voudra bien m'accepter malgré tous mes péchés. Endors-toi ma sœur, c'est moi qui t'ai fait voyager. Ma sœur, si parfois je t'ai blessée, je ne m'en excuse pas, ce serait trop facile, non, je préfère te dire que je t'aime ma sœur. Si Dieu me le permet, je ferai mon possible pour me changer. Lina, ma sœur, si je reviens un jour, je te le prouverai.

– Fred, Fred, attends, ne ferme pas mes yeux. Je t'aime aussi mon frère, ne t'en va pas. Laisse-moi encore un peu entendre ta voix, ne me fais pas redescendre dans mon corps, je suis si bien là-haut.

– Rendors-toi ma sœur, ton heure un jour viendra.

– Fred, mon frère chéri, quand vas-tu revenir ?

– Je l'ignore Lina. Je pressens que je n'ai certainement pas mérité la Lumière, et que d'autres vies me seront nécessaires pour parfaire mon âme. Mais surtout, j'ignore si j'ai mérité le droit de choisir au sein de quelle famille je vais me réincarner. J'espère uniquement, et de tout mon cœur, que Dieu m'en accordera la Grâce. Lina, ma sœur, la seule promesse que je puisse te faire, c'est la même que je me fais à moi-même. Lorsque je reviendrai, je ferai tout pour m'améliorer, non pas pour être meilleur que les autres, non, mais pour essayer d'être meilleur que moi-même et pour me rapprocher de ce corps de Lumière qui sommeille en chacun de nous. Á bientôt Lina, prends soin de toi ma sœur, et que la Joie soit dans ton cœur.

– Fred, Fred, ne t'en va pas, reste encore avec moi, reste là, Fred, parle-moi encore !

Plus rien, aucune réponse, le charme est rompu, elle retombe dans son lit et s'endort profondément, jusqu'au lendemain.

À son réveil, elle se prépare en vitesse et file au Théâtre de La Criée, sur le port de Marseille.

Elle cherche à retrouver les images qu'elle a vues, ce petit espace, ce landau qui était devant le seuil d'une porte, ces quelques marches en contrebas et… rien, l'endroit n'existe pas.

Aucune explication logique. Elle est remontée dans le temps. Ce lieu existait probablement avant la construction du Théâtre. La vielle dame, à la longue jupe noire, qui était devant la porte de cette maison, vient certainement du passé, ou même du futur. Qui sait, elle n'est pas seulement sortie de son corps, elle l'a peut-être fait dans une autre dimension ? Car, dans son inconscient, si une Force ascensionnelle lui fit pénétrer cet espace, elle a l'impression d'avoir vécu un rêve. Elle ne peut pas comprendre ses voyages, mais elle en garde en elle quelque chose de plus, une réalité perçue, avancée pas à pas, vers une initiation aux mystères sacrés. Les paroles de son frère se sont gravées dans son subconscient. Elle ne peut encore en déchiffrer le sens réel, ni même s'en souvenir. Elles sont quelque part, dans un coin de son cerveau, elles ont intégré sa mémoire primordiale, dans un endroit secret de son esprit. De son envol cosmique, il ne reste pas grand-chose, si ce n'est ce fameux Théâtre de la

Criée. Elle n'y a jamais encore mis les pieds, mais elle a tant rêvé d'y aller.

– Fred, tu me manques, toi au moins, tu aurais pu m'expliquer ce que j'ai vécu, mon bien-aimé frère, pourquoi es-tu parti le premier ? Tu m'as tant appris mon frère. Grâce à toi, je sais que je dois rechercher en moi le joyau de ma pierre. Je peux le retrouver, afin de me retrouver moi-même. Je comprends que c'est possible de le faire, mais sans ton aide mon frère, vais-je un jour y parvenir ?

Rien, toujours rien, aucun signe, Lina parle à Frédéric dans ses pensées, mais personne ne lui répond. Elle aurait tant besoin d'extérioriser sa peine, de la matérialiser, non pas pour l'oublier, non, pour la surmonter. Ses yeux sont incapables de verser la moindre larme, ce n'est pas son corps qui pleure, c'est son âme. Jamais elle n'aurait imaginé qu'il puisse partir avant elle. Il était son petit frère, le dernier des enfants d'Esther. Elle était de neuf ans sa sœur ainée. Cette injustice lui brise le cœur. Elle n'a plus les mêmes peurs, elle a, en plus, celle de l'oubli. Celle de ne plus se souvenir de tous les moments de bonheur qu'elle a vécus avec lui, ni mêmes de toutes les épreuves qu'ils ont partagées ensemble. Elle pressent déjà que les années vont atténuer peu à peu sa souffrance, et que la vie va reprendre le dessus. C'est inutile de continuer à se mentir à elle-même, puisqu'elle sait que le temps va guérir sa peine, autant la cautériser tout de suite.

Ne pleure plus mon âme, efface ta tristesse. Ton frère est simplement parti, il n'a pas disparu. Il est ailleurs. Il est là où un jour toi aussi tu iras. Sa vraie destination est celle de l'amour. Il va vers cet espace où le bien a effacé le mal, ce lieu où les âmes rejoignent la Lumière infinie. Ne pleure plus mon âme, accepte son départ, car si tu pressens où il va, toi, tu sais où tu es.

Le téléphone la sort de sa méditation.

– Allo Bruno, alors ?

– C'est fini, maman est partie rejoindre Fred, l'hôpital vient de me téléphoner.

– J'arrive.

Les quatre enfants d'Esther sont dans le hall de l'hôpital, ils attendent en silence. Un homme en blouse blanche vient les chercher pour les conduire jusqu'à la chambre de leur mère. Il leur ouvre la porte. Esther est étendue, son visage est serein et ses yeux sont fermés. On a l'impression qu'elle dort. Lina s'approche pour la toucher, elle ne peut croire encore que, cette fois-ci, elle soit morte, pour de bon.

Elle retire aussitôt sa main, ce froid contact lui glace le cœur. Elle s'attendait à retrouver la bénéfique chaleur de sa mère. Elle n'avait pas encore réalisé à quel point la mort est froide. Le corps n'est rien, il est né de la terre et retourne à la terre. Son esprit, pourtant cartésien, avait refusé l'évidence. Elle prend alors vraiment conscience de la réalité. Sa mère, étendue devant elle, n'est plus qu'une forme humaine sans vie, une matière inanimée que le souffle divin a déjà désertée.

Quelques mois plus tard, Lina se rend au Théâtre de la Criée. Elle prend un abonnement, elle a décidé d'aller à toutes les représentations. Depuis toute jeune, c'était déjà sa passion. Elle était même, en 1968 à l'âge de quatorze ans, la plus jeune élève du Conservatoire de Marseille. Maître Lehmann, son professeur, lui avait même promis que, pour ses dix-huit ans, il l'aiderait à s'inscrire aux cours Florent, à Paris. C'est parce qu'elle était tombé enceinte qu'elle y avait renoncé. Son voyage extrasensoriel est un signe, elle va enfin vivre sa passion, et tant pis si c'est par procuration.

Les représentations s'enchainent, elle est toujours assise à la même place, celle du fond. Un samedi soir de décembre, elle arrive très en avance. Elle croise une jeune femme qui lui fait un large sourire. La discussion s'engage.

– J'attends mon mari, il est parti garer la voiture.

– Venez, rentrons, vous allez prendre froid, dans votre état, c'est plus prudent.

– C'est que… je ne voudrais pas qu'il s'inquiète s'il ne me voit pas là où il m'a laissée.

– Envoyez-lui un message et venez avec moi vous mettre bien au chaud.

– Vous avez raison, rentrons, il fait un froid de canard.

– Là, ici, au moins il fait bon, on peut même retirer son manteau. C'est prévu pour quand ? Fille ou garçon ?

– Pour très bientôt, mon petit bonhomme ne devrait pas tarder à montrer le bout de son nez, avant la fin de la semaine prochaine, si Dieu veut. Ce n'est pas la première fois que je vous croise, vous venez souvent ici ? Je vous reconnais, vous êtes toujours habillée en blanc, même votre manteau, vos chaussures, vous ne passez pas inaperçue.

– Cela fait déjà plusieurs années que j'ai adopté cette couleur, je m'y sens bien, elle me correspond. Je m'appelle Lina, et vous ?

– Simone, c'est un vieux prénom, il n'est plus très à la mode, mes amis m'appellent Mounette.

– Moi j'aime bien Simone, c'était le deuxième prénom de ma mère.

– Et comment s'appelait-elle ?

– Esther.

– Ça alors, c'est le prénom de ma fille ainée.

– Elle doit être très jolie, surtout si elle vous ressemble.

– Oui, elle est blonde aux yeux bleus, par contre, Dominique, la cadette, elle a pris de son père, elle est brune aux yeux marron, mais elle est magnifique.

– Venez, rentrons nous assoir dans l'enceinte, vous êtes debout depuis trop longtemps.

– Mais mon mari ?

– Ne vous inquiétez pas, s'il ne vous voit pas dans le hall du théâtre, il va rentrer.

– Je vous suis.

– C'est ici ma place, tout au fond, comme d'habitude, et vous ?

– Si vous le permettez, pour une fois, je ne me mets pas devant, je reste près de vous.

– Avec Joie.

– Tiens, voici mon mari. Mon chéri, je te présente Lina. Cette dame m'a tenu compagnie pendant ton absence, nous avons sympathisé.

– Bonsoir madame, moi, c'est Simon, merci d'avoir pris soin de ma femme.

– Je vous en prie, c'est un réel plaisir, votre épouse est adorable. Nous allons passer une bonne soirée, j'adore Molière et le Tartuffe est une de mes pièces préférées.

– Moi aussi, c'est pour cela que je suis venue ce soir, car le bébé, je sens que c'est pour très bientôt.

– Dans quatre jours ma Mounette, si Dieu veut.

– En attendant, profitons du spectacle, dans cinq petites minutes, on va se régaler.

– Chéri, j'ai envie d'aller aux toilettes, tu penses que j'ai le temps ?

– Bonne idée, allons-y ensemble, comme cela j'aurais un alibi pour y aller aussi, à force de discuter, j'ai complètement oublié.

– Allez-y rapide les filles, le spectacle va bientôt commencer.

Lina a terminé, elle se lave les mains, en attendant Simone qui est dans les toilettes pour handicapés. Le temps passe, inquiète, elle se risque à frapper à la porte.

– Tout va bien Simone ?

Pas de réponse.

– Ça va ? Répondez-moi, tout va bien ?

– Non, cela ne va pas, je suis inondée, je crois que j'ai fait la poche des eaux. Je sens des contractions, elles s'accélèrent de plus en plus.

– Ouvrez-moi la porte, vite.

– Je vais essayer, je n'arrive plus à bouger.

– Après quelques longues minutes, la porte s'ouvre enfin. Simone est par terre, elle ne peut se relever, elle souffre. Lina met sa main dans sa poche pour prendre son téléphone. Flûte, il est resté dans son sac, elle l'a éteint, ni l'une ni l'autre n'ont de portable.

– Tenez bon, je vais chercher des secours, je reviens.

– Non, ne partez pas, ne me laissez pas seule, je vous en prie, je le sens arriver, il vient, il va naître.

– Détendez-vous, respirez, écartez bien les jambes, j'enlève votre culotte. Il nous faut de l'aide, tenez-bon, je reviens très vite.

– Non, non, je vous en prie, il arrive, il vient.

Lina n'en croit pas ses yeux, la tête du bébé est déjà visible. Il est en train de sortir. Elle s'improvise donc, comme par magie, sache-femme. Par bonheur, elle venait de se laver les mains. Elle fait des gestes précis, elle sait d'instinct ce qu'il faut faire, elle maîtrise parfaitement la situation. Tout en douceur, ses mots aident et réconfortent Simone, elle la guide dans ses efforts, dans sa respiration, et, de ses mains expertes, elle accomplit un véritable exploit.

Le bébé sort tout seul, elle n'a juste qu'à le saisir et le faire glisser à l'extérieur. Elle enlève son pull et son chemisier pour l'envelopper, puis elle le met sur le ventre de sa mère. Elle part en courant, et en soutien-gorge, pour demander de l'aide. Le vigile arrive en trombe, il appelle les pompiers. Il faut vite couper le cordon ombilical. On arrête la pièce quelques instants pour faire une annonce dans la salle. Par chance, un médecin se précipite. Lina court à son siège prendre son sac, elle a des ciseaux dedans, et même de l'eau de Cologne Bien-être à la lavande pour les désinfecter. Lorsque les pompiers arrivent, l'enfant a déjà poussé son premier cri, sous les yeux humides de son papa qui essaye tant bien que mal de faire fi de son inquiétude et de réfréner son émotion. Lina, emmitouflée dans son manteau, est à présent reléguée au rang de simple spectatrice. On lui demande même de s'éloigner un peu pour laisser travailler les médecins. Á contre cœur, elle se met en retrait, mais elle ne peut détacher ses yeux de la scène. Simone, rapidement installée sur un brancard, réclame déjà son enfant.

– Lina, merci, du fond du cœur merci, tenez, voici ma carte.

– Où va-t-elle ?

– Á Saint-Joseph.

– Je viendrai la voir, si vous me le permettez.

– Bien volontiers.

Simon s'engouffre rapidement dans le Camion des pompiers qui démarre à toute allure.

La pièce de théâtre a déjà repris, Lina, mal à l'aise et transpirante sous son gros manteau, retourne s'assoir à sa place. Les mots résonnent, mais elle ne les entend plus. Elle est ailleurs, plongée dans sa réflexion.

Cette femme s'appelle Simone, c'est le deuxième prénom de sa mère, son mari s'appelle Simon, comme son père. Sa fille ainée se prénomme Esther, comme sa mère et sa cadette, Dominique, porte le deuxième prénom de sa sœur Renée. Cette suite de coïncidences n'est peut-être pas seulement due au hasard.

Et si c'était un signe de l'au-delà ? Et si c'était un clin d'œil d'outre tombe, un sourire complice de celui qu'elle attend depuis plus de deux ans ? Elle n'ose pas trop y croire, mais, néanmoins, elle ne peut s'empêcher d'y penser.

Le lendemain soir, vers 19 heures, elle se rend à l'hôpital. Simone l'accueille avec chaleur, elle n'a de cesse de la remercier. Le bébé qui dort près d'elle est magnifique.

– Je viens voir votre merveille. Comment vous sentez-vous ?

– Bien, et c'est grâce à vous. Je remercie Dieu d'avoir croisé votre route. Merci Lina, merci infiniment. Je vous dois ma vie, celle de mon enfant, je n'oublierai jamais tout ce que vous avez fait pour moi, et encore plus pour lui, je vous dois tant.

– C'est moi qui vous remercie, j'ai vécu un moment magique, une formidable expérience, je ne sais pas si j'ai vraiment assuré, mais en attendant, il est là, près de vous, et c'est là l'essentiel. Il est adorable ce petit blondinet, ses yeux sont de quelle couleur ?

– Bleus, mais les docteurs m'ont dit qu'il fallait attendre une quinzaine de jours, ce n'est pas sûr qu'ils gardent cette couleur.

– Dommage qu'il soit endormi.

– Non, tant mieux, je suis épuisée.

– Vous l'allaitez ?

– Oui, c'est si important pour ses défenses immunitaires et puis, c'est un bonheur pour moi. Cela crée un lien indéfectible, une osmose unique, j'espère que j'aurais assez de lait pour continuer le plus longtemps possible. Vous avez raté mon mari de quelques minutes, lui aussi, il veut encore vous remercier, il y tient absolument. Sous le coup de l'émotion, il n'en a pas eu le temps, au théâtre.

– Ne vous inquiétez pas, ce n'est pas important. Il m'a déjà remerciée.

– Mais comment avez-vous fait, vous étiez infirmière ? Vous avez fait des études de médecine ?

– Non, je ne le sais pas moi-même. J'ai dû me dédoubler. Ces gestes machinaux, je serais incapable de les décrire, ni même de les refaire. Il ne faut pas chercher à comprendre. L'être humain, confronté à certaines situations d'urgence est capable de se dépasser soi-même et d'accomplir des miracles. J'ai lu dans un journal, qu'une femme, dont le fils était bloqué sous les roues d'un camion, a trouvé la force de le soulever pour sauver son enfant. J'ignore si c'est vrai, mais en tout cas, je crois intimement que tout est possible lorsque le cerveau le décide. Vous lui avez choisi un prénom à ce petit bout de chou ?

– Oui, et d'ailleurs, je serai très heureuse que vous veniez à sa circoncision, dimanche matin à huit heures, à la synagogue de La Rose.

– Vous êtes juive ?

– Oui, pourquoi ?

– Moi aussi, mais je ne pratique pas. Suis-je bête, en décembre, le Shabbat se termine de bonne heure.

Merci infiniment, ce sera une joie pour moi de partager avec vous cette chaleureuse cérémonie. Je ne vous demande donc plus son prénom, je le saurai dimanche.

– Merci.

– Vous savez qu'on est voisines, je vois sur la carte de votre mari que vous habitez au numéro trois de l'avenue Jules Cantini, moi je suis à la rue d'Italie, à moins de cent mètres.

– Décidément, il n'y a pas de hasard, j'espère que nous resterons en contact.

– Je l'espère aussi et de tout cœur, ce bambin, je l'aime déjà, et j'ai hâte de le voir éveillé.

– C'est un amour, il mange et il dort.

– Vous sortez quand ?

– Après demain.

– Il se fait tard, je vais vous laisser vous reposer, à dimanche.

Le dimanche matin, Lina arrive un peu avant l'heure. Elle reste à l'extérieur un long moment. Elle n'ose pas entrer. Petit à petit, des personnes arrivent, elle n'en connait aucune. Elle hésite encore. Une femme d’une soixantaine d’année s’approche d’elle avec un grand sourire.

– C’est vous Lina ?

– Oui.

– Je m’en doutais, toujours de blanc vêtue, ma Mounette m’a tellement parlé de vous ? Ne restez pas dehors, venez, entrons.

– Vous êtes la maman de Simone ?

– Oui, je suis Sylvia, sa mère, et j’avais hâte de rencontrer enfin cette fameuse Lina qui a aidé mon petit-fils à naître. Sans vous, je n’ose imaginer ce qu’il serait advenu de mes deux amours. Merci, du fond de cœur, merci.

– Dieu m’a accordé la grâce de vivre une merveilleuse expérience, c’est Lui qu’il faut remercier.

– Entrons, je vais vous présenter à toute la famille, mon mari est déjà à l’intérieur, c’est lui le sandaq.

L’accueil est chaleureux. Tout le monde est au courant, beaucoup se précipitent pour la saluer et la féliciter.

– Venez Lina, allons nous asseoir, ne soyez pas timide, je vous ai gardé une place près de moi, la cérémonie va bientôt commencer.

– Merci Sylvia, je vous suis.

La Synagogue est remplie de monde. Simone donne son bébé à une femme qui le remet à son mari. Celui-ci le transmet à un autre homme qui pose l'enfant sur une chaise, à côté du Sandaq (le Parrain assis). Puis Simon prend son fils et le pose sur les genoux de cet homme. Tous les deux portent un Talith.

Pendant ce temps, Lina abreuve Sylvia de questions. Sylvia lui explique discrètement, et en chuchotant, le déroulement de la scène. Il est de coutume de donner le bébé à une femme qui n'a pas eu d'enfant, qui elle-même le remet à son mari, et celui-ci le dépose sur la chaise du Prophète Elihaou. Puis, c'est le père qui le place sur les genoux du Sandaq, de même, c'est lui qui commence le rite de la Brit Mila en récitant les premiers versets de la cérémonie. Il est relayé par le Mohel qui fait la bénédiction sur la Mila avant de procéder à celle-ci.

Lina ne peut regarder l'acte, elle baisse les yeux, le bébé pleure, tandis que des chants et des prières couvrent sa voix. Puis vient enfin le moment de la bénédiction « acher Kidèch », où le Rabbin fait la demande de miséricorde tant attendue, cet instant ou le père chuchote à son oreille le nom du bébé et où toute l'assistance l'apprend et l'accueille dans la Joie. L'enfant se prénomme Yaakov, on lui met une goutte de vin sur les lèvres.

La cérémonie terminée, les hommes s'approchent du Sandaq pour demander sa bénédiction, après, c'est au tour des femmes. Sylvia invite Lina à y aller. Elle hésite un moment, puis, elle se ravise. Mentalement, elle ne demande rien pour elle ou pour les siens, non, son vœu est pour cet enfant, Yaakov, elle lui souhaite d'être heureux et de vivre pleinement sa vie. Elle retourne ensuite dans la salle des festivités. Simone l'invite à venir s'assoir près d'elle, à côté de Sylvia, sa mère. C'est un grand honneur qui lui est rendu. Le bébé est endormi, il est dans son panier, posé près de la table, sur une chaise. Lina réalise alors qu'elle ne l'a pas encore vu éveillé.

– Il s'appelle donc Yaakov cet adorable enfant.

– Oui, mais pour l'État Civil, c'est Jacques, nous sommes en France, c'est mieux pour lui.

– Encore une coïncidence, c'est le deuxième prénom de mon frère Frédéric.

– Quel âge a-t-il ?

– Il n'est plus.

– Je suis désolé

– Non, c'est la vie, et elle continue, venez, allons nous servir, ce buffet a l'air délicieux.

– Bonne idée, surtout qu'il ne va pas tarder à demander sa tétée. Tiens, voici mes deux princesses : Esther et Dominique. Les enfants, je vous présente Lina.

– Bonjour Madame, maman nous a tout raconté, vous êtes toute en blanc, comme les anges, c'est Dieu qui vous a envoyé pour aider notre maman.

– Mais non, mais non les enfants, n'exagérons rien, j'ai juste été là, au bon endroit et au bon moment.

– Si, si, vous êtes un ange, c'est maman qui nous l'a dit, c'est vrai, maman, tu nous l'as dit.

– Oui mes chéries, c'est vrai, et je le pense vraiment. Lina, c'est mon ange gardien qui vous a envoyée vers moi.

– C'est trop, trop gentil, en tout cas, à propos d'ange, j'en vois un qui dort à poings fermés.

– Alors, profitons-en vite pour nous rendre au buffet, c'est bientôt l'heure, il ne va pas tarder à se réveiller pour la tétée.

– Miam-miam, cela a l'air délicieux.

– Servez-vous copieusement, tout vient du Sheraton, le traiteur de la rue de Village.

– Je le connais bien, c'est juste à côté de chez moi.

– Servez-vous, je vous laisse, je l'entends couiner de loin, il doit avoir faim.

– J'arrive, je viens avec vous.

Enfin, Lina va le voir bien éveillé, elle est impatiente. Elle laisse son assiette mi-remplie sur un coin du buffet et se fraye un chemin parmi la foule pour rejoindre Simone. Celle-ci a déjà pris son enfant. Elle est partie s'isoler pour lui donner le sein. Affolée, elle apostrophe Simon qui la renseigne bien vite. Elle arrive dans une petite salle attenante, Simone est déjà en train d'allaiter. Elle reste près d'elle tout au long de la tétée. Elle n'engage pas la discussion, elle se contente de regarder, tout sourire, ce petit être qui boit, les yeux fermés, le lait de sa mère. Enfin, Simone le repose sur son coussin. Elle lui demande de le surveiller, le temps d'aller chercher le nécessaire pour lui changer sa couche. Lina s'approche de lui, mais elle n'ose pas le toucher. Elle le regarde. L'horloge, audessus de sa tête, sonne les douze coups de midi. Yaakov ouvre grand ses yeux et lui fait un large sourire. Lina ressent comme un rayon de Lumière qui lui transperce l'âme. Elle a même l'impression de l'entendre lui parler pour lui dire combien il est heureux de la voir enfin. Elle a un coup au cœur lorsque Simone revient et lui détache son vêtement. Elle remarque tout de suite une petite tache en forme d'étoile, sur la jambe droite de Yaakov, vers le bas, près de la cheville. C'est presque la même que celle de son frère, Frédéric. Est-ce possible ? Dieu a-t-il permis ce miracle ? Cet enfant est-il la réincarnation de son frère ? Elle n'ose encore vraiment y croire, et pourtant, autant de coïncidences, ce pourrait-il que cela n'en soient pas ?

– Et voilà mon amour, tu es tout propre et tu as bien mangé.

– C'est quoi cette petite tache qu'il a sur la jambe ?

– Vous avez remarqué ? Ce n'est rien, c'est une petite tache de vin, certainement une envie, les docteurs me l'ont confirmé. Plus tard, quand il sera grand, on pourra la lui enlever au laser.

– En attendant, c'est très mignon, et en plus, c'est une étoile, cela le rend unique.

– Oui, il est unique, c'est mon petit cœur à moi, mon amour qui vient de faire son alliance avec Dieu.

– Il est adorable.

– Merci, venez, la fête continue, allons rejoindre mon mari.

Lina reste assise à table. La fête bat son plein. Les hommes dansent entre eux, les femmes entre elles. Les chants israéliens sont chaleureux, l'amour et la paix règnent parmi les convives, la joie est dans les cœurs. Sylvia, la mère de Simone, un peu fatiguée, retourne s'assoir à côté de Lina. La discussion s'engage, les deux femmes sympathisent. Elles sont à peu près du même âge. Sylvia est intarissable, elle lui raconte des anecdotes, des souvenirs, sa vie, celle de sa fille, et moult détails sur son passé. Lina est ravie, cette femme semble l'avoir adoptée, et, comble de bonheur, elle l'invite chez elle, pour le repas du Shabbat, le vendredi suivant. Lina s'empresse d'accepter, pour elle, c'est inespéré. Elle va partager l'intimité d'une famille, peut-être celle-là même que son frère a choisie pour se réincarner. Elles échangent bien vite leur numéro de téléphone. Sylvia habite le même immeuble que Simone, son mari y a acheté deux appartements, un pour lui, et le second, pour sa fille unique, dont il lui a fait donation. C'est pratique, elles sont à moins de cent mètres l'une de l'autre, elles vont pouvoir se rencontrer plus facilement.

Au début, Lina est un peu hypocrite, elle a vite compris que Sylvia représentait un sésame qui lui permettrait de revoir le petit Yaakov. Elle saisit la balle au bond, et lui propose même, dès le lendemain matin de la retrouver au *Best Of*, place Castellane, vers neuf heures, pour le café. Sylvia accepte avec Joie, elle lui demande de la tutoyer. Elle le lui dit clairement.

– Lina, je te veux comme amie, et ce n'est pas uniquement parce que tu as aidé ma fille et mon petit fils, non, je t'aime déjà, pour ce que tu es, tu es différente de toutes mes autres connaissances, si tu m'acceptes, je souhaite te revoir très souvent et nouer avec toi les liens sacrés de l'amitié.

– Sylvia, merci infiniment, mais c'est trop, je ne sais pas quoi te dire pour te remercier, bien sûr que j'accepte, c'est un bonheur pour moi d'avoir croisé ta route et celle de ton enfant.

Bientôt, les deux femmes ne se quittent plus, elles s'appellent tous les jours, Sylvia ne conduit pas, Lina lui sert de chauffeur. Le vendredi arrive enfin. Lina a hâte de revoir le petit.

Elle se présente à l'heure, bien avant le Shabbat, avec une orchidée blanche pour Sylvia et une petite Girafe pour Yaakov. La famille est au complet, on attendait plus qu'elle pour commencer.

Tous l'accueillent avec ferveur, Simone lui saute dans les bras et l'étreint longuement.

– Il est où Jacques, enfin Yaakov, le bébé, il est où ?

– Dans l'alcôve, juste à côté. Il dort, venez, ne faites pas de bruit.

– Il est de plus en plus adorable, il a pris du poids ?

– Oui, tout va bien, c'est un petit ange.

– Je sais, depuis sa naissance, je l'ai toujours su.

Sylvia sourit, mais elle est loin d'imaginer à quel point les mots de Lina sont le véritable reflet de ses pensées. Pour elle, ce petit être est un envoyé du ciel, un miracle, un message d'amour des mystères de la Création. Il est là, silencieux, mais elle entend le monde entier respirer avec lui. Si ses yeux sont fermés, elle voit tout l'Univers au travers ses paupières. Elle n'ose le toucher, mais sa main s'attarde sur son berceau. Cet enfant a l'odeur de la vie, il a le goût de l'espoir, celui de la Beauté du Dieu qui l'a conçu.

La table est dressée, les fleurs qui l'ornent participent à cette émotion de bien-être qui inspire au recueillement. Sylvia allume les bougies tout en récitant des prières. La maison resplendit de propreté, elle est lumineuse et même les meubles respirent la sainte mitsva du Shabbat. Il incarne le bien, le renouvellement, la beauté idéale, l'odeur et la présence mystique de la sainteté. Tout est imprégné d'une atmosphère Shabbatique, d'un art sacré qui fait prendre conscience de la valeur de l'instant.

Cette table est solennelle, elle ressemble à un autel où chacun y a sa place, il y a même une chaise vide, mais aucun couvert n'y est installé à son intention. Elle fait partie du décor, mais pour Lina, c'est encore un symbole. Les Chrétiens en laissent souvent une pour accueillir l'étranger de passage, ou même le pauvre qui demanderait asile et nourriture. La maison s'est transformée en un Temple, où la paix, l'amour et la joie déploient la sainte vibration de leur invisible et bénéfique aura. Mickael, le mari de Sylvia, entame le Kiddouch, ce portail d'entrée qui intensifie la ferveur de l'accueil du Shabbat. Il a dans sa main droite une coupe de vin, et ses prières, ses chants, semblent un avant-goût d'un monde futur, où chaque convive reçoit une étincelle de sainteté, un message divin qui fortifie son âme.

Tout le monde est debout, et chacun, dans le plus intime des silences, écoute les paroles de ce père de famille dont les yeux se posent sur le précieux liquide. Après l'ablution des mains, il prolonge sa bénédiction par celle du pain.

Les *Hallot,* recouverts d'un petit napperon brodé, sont au nombre de deux, pour rappeler la double ration de la manne qui tombait dans le désert, avant le Shabbat. Mickael en prend un morceau et le trempe trois fois dans le sel. Il en mange un bout, puis il le distribue en petites rations pour ses convives et il en dépose d'autres dans le récipient.

Lina a l'impression de se trouver dans un autre univers, tant elle s'imprègne de cette indescriptible spiritualité. Elle pénètre dans l'âme du rituel, elle participe à la venue de la Reine Shabbat que l'on accueille avec piété dans cette maison.

Les objets eux-mêmes font partie de la fête, ils la vivent de l'intérieur et reçoivent, eux aussi, un supplément d'âme. Ils se sont revêtus de tout leur éclat et de leur brillance afin d'honorer et de refléter un peu de la splendeur messianique.

Ce n'est plus une simple demeure, c'est un palais, un Temple de l'amour, celui de la paix, de la joie et de la beauté. La ferveur des bénédictions, la lumière des bougies et de tous les symboles qui sanctifient l'espace, ont recréé une lumineuse présence divine que chacun ressent au plus profond de lui-même. C'est une chaîne d'union qui relie tous les juifs entre eux, la mission d'un idéal de vérité où règne l'équité, et où chacun, en parfaite égalité, en accueille librement la conscience mystique.

Pour Lina, cette expérience est nouvelle et la remplit de spiritualité. Elle prend conscience du bonheur qu'elle a de vivre des moments aussi intenses et de les partager avec cette famille qui la reçoit avec tant de chaleur.

C'est Sylvia, la première, qui la sort de sa méditation.

– Lina, tu ne manges pas, tu n'as pas encore touché à ton assiette. J'ai comme la vague impression que tu ne sembles pas trop être à ton aise, il ne faut pas, nous t'accueillons tous avec Joie. C'est un plaisir de te compter parmi nous pour ces instants de bonheur.

– Pardonne-moi Sylvia, j'étais ailleurs. J'étais plongée dans la magie de ce rituel que je ne connaissais pas, c'est la première fois que je goûte véritablement les délices d'une telle émotion. Merci à toi, merci à vous tous et bon appétit ! Cela a l'air délicieux, je vais continuer à me régaler, mais cette fois-ci, par une autre nourriture, tout aussi bénéfique.

– Je crois bien qu'il y en a un autre qui ne va pas tarder à manger, Jacques se fait entendre, je m'en occupe et je reviens après la tétée.

– Michael, me permettez-vous de quitter la table, quelques secondes, juste le temps de le voir éveillé ?

– Je vous en prie.

– Merci, juste un instant, Simone, attendez-moi, je vous suis.

Jacques est dans son landau, il pleure. Dès qu'il aperçoit Lina, il cesse ses cris, les yeux grands ouverts, il lui fait un large sourire. Pendant quelques instants, son regard s'élargit, il illumine l'espace. Lina a l'impression d'y déceler, au travers son éclat, le reflet de celui de sa mère, Esther, qui est dans l'au-delà.

– Je crois que mon petit ange vous a adoptée. C'est bien la seule fois qu'il cesse de pleurer quand il a faim. Qui sait, peut-être qu'il vous reconnaît, vous êtes quand même sa première rencontre sur terre.

– Il est de plus en plus magnifique. C'est incroyable, j'ai même l'étrange sensation de lire dans ses pensées. On dirait qu'il essaye de me parler. Non, je m'égare, c'était juste une impression. Je vous laisse et je retourne vite à table, je ne voudrais pas être impolie.

– Allez-y, dès qu'il aura fait son petit rot, je viendrai m'asseoir avec lui.

Les convives sont silencieux. Lina prend place le plus discrètement possible. Mickael, le mari de Sylvia, ouvre un livre précieux et commence à lire quelques passages de la Torah. Tous écoutent et boivent avec ferveur le moindre de ses mots. Ce n'est que quand sa fille revient avec son bébé dans les bras qu'il ponctue sa prière et que tous répondent en chœur : « amen ». Sylvia se lève et va chercher un joli petit couffin. Elle prend la chaise vide, en bout de table, et elle la met juste à côté de sa fille, mais légèrement décalée vers l'arrière. Simone y installe confortablement le petit Jacques qui commence déjà à fermer ses beaux yeux bleus. Pour Lina, c'est encore tout un symbole, et bien plus même, c'est un signe de l'au-delà. Cette place, laissée vide pour pouvoir accueillir l'étranger de passage, ou même l'ange envoyé du ciel, ne l'est plus. Elle vient de remplir son office. Le visiteur est déjà là, c'est peut-être l'âme de son frère Frédéric qui est revenue sur Terre. Cette idée lui traverse un instant l'esprit. Cette improbable hypothèse réconforte son trouble, car l'enfant, bien qu'endormi, semble lui sourire, en réponse à son intime questionnement. Elle est partagée entre l'éventualité de la justesse de son pressentiment et l'impossibilité d'une telle présence. Sa foi en Dieu est inaltérable, mais elle a, néanmoins, tout au fond d'elle-même, une prudente retenue qui l'empêche de se laisser aller à dépasser les limites de sa raison. Ce qu'elle a envie d'imaginer lui paraît impossible, mais son esprit, de moins en moins cartésien, est en train de se battre contre lui-même. Ces instants de recueillement lui ont ouvert le portail d'une haute spiritualité qu'elle a du mal à réfréner. Elle y croit, vraiment, et de toute son âme, mais sa raison, en lutte constante avec son cœur, la plonge confusément dans une incertitude dont elle ne peut s'extraire. Pendant tout le repas, son regard ne cesse de s'attarder sur l'enfant, même si, dans sa discussion, elle participe activement au propos de ses convives.

C'est l'heure du départ. Elle remercie chaleureusement ses hôtes, qui le lui rendent bien. Les deux petites filles l'embrassent tendrement, tout comme Simone, leur mère, qui insiste pour la faire raccompagner par Simon, son mari. Elle refuse, elle n'a qu'une centaine de mètres à parcourir, Sylvia insiste avec sa fille. Finalement, elle s'en sort en promettant de faire sonner trois fois le téléphone fixe et de raccrocher, ce sera le signal qui les avertira qu'elle est bien arrivée chez elle. Sylvia accepte et lui promet de l'appeler dès dimanche matin pour boire un café ensemble, place Castellane.

Arrivée chez elle, Lina s'empresse de faire le signal convenu. Elle prend sa douche et plonge dans son lit. Il est tard. Mais elle ne parvient pas à trouver le sommeil. Une réflexion gênante vient perturber son esprit. Frédéric, son frère, a toujours dit qu'il savait à quel âge il allait mourir. Pourtant, il est parti vingt ans plus tôt. Si ce petit Jacques est sa réincarnation, n'a-t-il que ce laps de temps en crédit pour sa vie terrestre ? Elle est effrayée. Elle n'ose même pas continuer à y penser, elle a bien trop peur d'influencer son destin par cette simple hypothèse. Elle enferme ses sombres pensées dans un tiroir secret de sa mémoire. Elle se promet à elle-même de ne plus jamais y accéder, et que, cette angoissante incertitude sera à jamais bannie de son esprit. Puis, une réflexion vient réchauffer son cœur. Puisque le temps est relatif, puisqu'il n'a pas la même valeur dans notre monde, alors, peut-être que ces vingt années qui manquaient à son frère ne sont pas celles que le petit Jacques doit effectuer sur Terre. Elle ne le saura sans doute jamais. Elle va bientôt avoir soixante-neuf ans, dans vingt ans, elle ne sera probablement plus de ce monde, mais cela ne la console pas.

Il faut qu'elle parvienne vraiment à extirper de son esprit toutes ces inquiétantes hypothèses, elle le doit, car la pensée écrit le futur et l'avenir, parfois, se modifie par son action. Frédéric lui a toujours dit que le temps n'existait pas, c'est l'homme qui l'a créé. Le début et la fin sont dans le même espace, ce sont des vibrations qui se fluidifient et s'harmonisent au sein de l'Univers. Le passé, le présent, le futur, sont en connexion, leurs longueurs d'ondes sont différentes, mais elles se rejoignent toutes dans l'Unité principielle. De l'infiniment petit à l'infiniment grand, tout est en mouvement, et, si l'horloge existe, l'horloger la dirige. Tout a été créé simultanément, on se souvient de notre passé, mais jamais de notre futur. Le temps ne s'écoule pas que vers l'avenir, à une autre échelle, il peut prendre une nouvelle direction. Rien n'est figé dans le Cosmos, quand son taux vibratoire s'élève, il modifie notre niveau de conscience. Pour être en harmonie avec l'Univers, il faut réconcilier le spirituel avec la matière. Cette énergie en est l'écrin, le réceptacle de la parole du Créateur et notre corps en est le dépositaire. Rien n'est écrit d'avance, ce sont nos actes et notre attitude qui tracent notre destin. Le chemin, quel qu'il soit, est celui de notre Karma, c'est à nous de bien le choisir. L'homme a son libre arbitre, le Dieu qui l'a conçu lui en a fait l'offrande. La vie n'est que mouvance, elle fluctue sans cesse, notre voie est tracée, mais des routes secondaires vont s'y greffer. Chacun peut emprunter celles qui lui conviennent, car, en finalité, elles se rejoindront toutes, mais elles ne nous conduiront pas, hélas, toutes au même endroit.

Bientôt, toutes ses craintes s'embrouillent dans son esprit, Lina a l'impression que sa raison déborde. Elle libère son cœur des tourments de son âme, afin de trouver le repos pour apaiser son corps.

Les jours, les mois, les années s'enchaînent, Sylvia et Lina ont noué une sincère et indéfectible amitié. Jacques grandit, et avec lui grandit l'affection qu'il porte à sa « tatie Lina », toujours vêtue de blanc et qui le couvre de cadeaux.

La vie poursuit son cours, elle poursuit son œuvre, sous le regard de Dieu, Jacques poursuit son chemin. Il va tracer sa destinée sous la garde d'un ange. Cette vie lui appartient, c'est elle qui va construire celle de sa vie future.

Jacques, Yaakov, qui que tu sois, ce Dieu qui n'est qu'amour t'en a fait le cadeau, profites-en cher ange et vis-la pleinement. La Lumière est en toi, elle va te guider, elle va t'illuminer tout au long de ta route et elle te montrera celle que tu dois emprunter. Je ne saurais jamais ce que tu es vraiment, mais tu es un espoir que Dieu m'a envoyé.

Esther est endormie, mais elle ne rêve pas, elle vit son rêve.

Les anges l'accompagnent, la Voûte est étoilée et la Lumière l'inonde. Elle est encore partie, mais c'est la dernière fois, car elle ne monte plus, elle redescend en elle-même, et la Terre se creuse pour la laisser entrer. Son corps, qui s'alourdit, se mélange avec elle, et son âme se libère, pour mieux l'émanciper.

Elle est partie Esther, c'était son heure, c'était son Karma, elle se délivre enfin de sa substance de matière. Les ténèbres l'entourent et la nuit la traverse, mais la Lumière veille et la copte au passage.

Elle se laisse aller, elle ne résiste pas, et de l'obscurité, elle en sort magnifiée. Son âme est attendue, l'Univers la reçoit, comme un choc en retour de toutes ses actions sur Terre. L'ange, qui la soutient, l'effleure de son souffle. Elle va toujours plus loin, et de plus en plus vite rejoindre l'infini.

Les étapes se succèdent, elle croise en chemin des âmes éperdues qui lui tendent les mains, mais dans sa course folle, elle ne peut s'arrêter. Au plus profond d'elle-même, elle voudrait les aider, les hisser avec elle, mais son ange l'emporte et l'en tient éloignée.

Les trois paliers franchis, elle atteint enfin le quatrième, et c'est l'épreuve ultime. Son cœur est transpercé et sa vie qui s'écoule, toute entière est pesée. Elle redevient légère, et, de son âme béatifiée émane une auréole qui vient de l'entourer. Elle est la clef qui ouvre les portes de la vie. Celui qu'elle espère, Celui qu'elle attend, Celui qui l'a guidée durant tout son chemin terrestre, l'Unique, le Tout, la reçoit en son sein, pour l'intégrer en Lui.

Elle est à l'intérieur, elle est là, dans cette immensité, dans l'infini Royaume de Dieu qui la reçoit.

Elle est à peine entrée, qu'elle cherche son fils, Frédéric, son petit dernier qu'elle a hâte de revoir. Son âme se disperse et s'étale au milieu de ceux, qui, comme elle, ont atteint la Lumière.

– Frédéric, mon fils, où es-tu ?

Elle se souvient alors des mots de son enfant, il est encore derrière. Il ne peut la rejoindre, il va retourner sur Terre, pour une autre vie, pour parfaire ses anciennes, afin de s'améliorer. Il a une autre chance. Il est déjà là-bas, la femme qui le porte va donner au

Monde un nouvel habitant. Le cordon est coupé, et, le doigt sur sa bouche, l'ange, qui l'accompagne, le plonge dans l'oubli. Il va lui ouvrir sa route, afin que peut-être, plus tard, il puisse rejoindre Esther, sa mère, qui en était à sa dernière vie avant de rejoindre la Lumière.

Esther se penche sur son berceau. Dieu lui a permis de le voir. Lina est près de lui. Il ouvre grand ses yeux. Dans son regard, la Lumière d'Esther se reflète et transperce l'âme de sa fille. Pendant un court instant Lina croit la reconnaître, mais elle ne peut l'admettre et pense avoir rêvé. Simone, la maman de Yaakov lui parle, c'est elle qui la ramène à la réalité. Esther les regarde, de là-haut, encore une fois, le souffle de sa voix vient silencieusement bénir cet enfant qui renaît. Il sourit, cette vision, il va se la rappeler longtemps, avant de l'enfouir au plus profond de lui-même et de faire ses premiers pas sur cette Terre.

Bon Chemin mon fils, toi, tu le pressentais, tu te doutais que c'est bien moi qui allais t'attendre là-haut. Tu avais compris que ma vie sur Terre était sans doute la dernière, et que, là où je suis, serait mon devenir.

Que Dieu te guide et te préserve du Mal et de cette obscurité qui va sans cesse essayer de t'attirer vers elle. Hélas, je ne peux plus directement te parler, mais je vais te protéger. Si Dieu m'en accorde la Grâce, je t'enverrai un ange gardien qui t'éloignera du mal, afin que tu me rejoignes dans le céleste

Royaume. Tout au long de ton existence sur terre, tu me sentiras. Lorsque tu seras triste, ou que tu auras peur, j'épancherai sur toi toute ma bienveillance, par intuition, tu devineras que quelqu'un veille sur toi. Et peut-être mon fils, me reconnaîtras-tu. Si je ne peux pas intervenir, ton ange le fera. Il t'aidera, mon fils, dans ton être intérieur, tu sentiras sa présence. Il sera là pour te guider vers le chemin de ta destinée. Si tu t'en écartes, si tu te perds dans l'obscur labyrinthe, il te montrera comment construire un pont d'Amour pour te délivrer de toi-même. Les anges de la nuit vont descendre vers toi, d'autres remonteront sur l'Échelle de vie, et tu verras en rêve la Lumière qui t'attend. Tu connaîtras l'exil et la fuite du temps, et de ta vie terrestre, tu subiras les affres, mais de tout mon amour, j'abreuverai ton âme. C'est lui qui va te nourrir, c'est en lui que tu trouveras la source qui va te désaltérer, jusqu'à t'en inonder de son trop plein. Puisses-tu, mon fils, en refléter ses bienfaits sur ton corps de Lumière.

Dieu a permis ton retour à la vie de la vie, et c'est à toi d'en faire celui de la Beauté. C'est toi qui devras transmettre cette Lumière reçue et l'Amour éternel qui t'a été donné. Ton âme en sera pleine, et, plus elle en déversera, et plus, à l'infini, elle en sera remplie. Ton cœur d'enfant est pur et ton esprit est vierge, mais il a la mémoire de ton ancienne vie, et dans ton subconscient, il la garde enfouie. Mon fils, fais en sorte que la Lumière jamais ne vienne t'éblouir, mais que, de son éclat, elle trace ton chemin. Celui que tu as vu te donne son Amour, il te rend à la terre pour mieux t'en libérer. Va mon enfant, va mon fils, ton ange est avec toi. Il va te protéger, il sera toujours là pour diriger tes choix, mais si l'ombre te cerne et t'éloigne de lui, que Dieu te vienne en aide et ait pitié de toi.

Frédéric, mon fils, je reste près de toi.

Un jour, au plus profond de ton cœur, tu pressentiras peut-être que ton ange, celui que tu crois entendre ou même voir dans tes rêves, celui qui t'accompagne, c'est moi qui te l'envoie.

Frédéric, mon fils, ta maman va veiller sur toi, peu importe le temps, je vais t'attendre.

Je vais t'attendre mon fils.

Bon voyage Frédéric, bon voyage mon fils, Bon voyage Fred.

...

Achevé d'imprimer en France par

Centre
Littéraire
d'Impression
Provençal

imprimerie-clip.com

Imprimé sur papier **Clairefontaine** fabriqué dans les Vosges.